금요일 열여덟 시 삼분

여운철 제2시집

도서출판 두손검

| **시인의 말** |

공직 생활을 하면서
그 생활이 끝나면 시집을 내고 싶었다.
틈틈이 써 두었던 글꼴을
시로 만들어 내기까지
첫 시집의
시는 난감이었고 즐거움이기도 했다.

두 번째 시집을 상재한다.
객지 생활이 중심 소재가 된 것은
뜻한 바가 아니므로 정말 아이러니다
객지를 지우는 것이 아니고
같이 하여야겠기에
사랑으로 서둘렀다

                                        2024년 9월 초입
                                            객지에서

                                         여운철 쓰다

여운철 제2시집

금요일 열여덟 시 삼분 |차례|

시인의 말 _ 3

제1부
- 서시 _ 11
- 제비야 _ 12
- 관룡사를 찾아서 _ 13
- 마음의 무게 _ 14
- 선인장 _ 15
- 시 _ 16
- 탄생 _ 17
- 물닭의 안부 2 _ 18
- 믈닭의 안부 3 _ 19
- 줄줄이 _ 20
- 나무를 읽다 _ 21
- 가을이 흐르다 _ 22
- 시에 대한 시간 _ 24
- 가끔은 _ 25
- 연초록녹음을 예찬하다 _ 26
- 선언문 _ 27
- 맨드라미 _ 28

제2부 • 구원자 _ 31
- 객지 1 _ 32
- 객지 2 _ 33
- 객지 3 _ 34
- 객지 4 _ 35
- 객지 5 _ 36
- 객지 6 _ 38
- 객지 7 _ 39
- 금요일 열여덟 시 삼분 _ 41
- 익산에서 만난 겨울 _ 42
- 봄 같은 봄날 _ 44
- 어느 월요일 _ 45
- 이십오 분의 거리 _ 46
- 일상을 깨다 _ 47
- 역설 _ 48

제3부 • 어머니의 마당 _ 51
- 하소연 _ 52
- 슬픔 _ 54
- 마이산, 연인의 길에서 _ 55
- 단장 _ 56
- 고향의 뒤안 _ 57
- 할아버지의 그림자 _ 58
- 대문 _ 60
- 오남매의 기도 _ 61
- 등짝이 닮았다 _ 62
- 길에도 빛깔이 있다 _ 63
- 며느리의 재치 _ 64
- 우리 찰떡이 _ 65
- 해솔이의 지구별 신고 _ 66
- 해솔이의 며칠 _ 67
- 소중한 인연 _ 68
- 막내에게 _ 70

제4부 • 부산진구 플러스 운동화 _ 73
• 함박웃음이 그립다 1 _ 74
• 함박웃음이 그립다 2 _ 75
• 페북친구들에게 1 _ 76
• 페북친국들에게 2 _ 77
• 만남의 장 _ 78
• 어떤 사명감 _ 80
• 무심 _ 81
• 유심 _ 82
• 인터체인지 _ 83
• 직 _ 84
• 함박눈 _ 85
• 환절기 _ 86
• 성장 _ 87
• 황금연휴 _ 88

제5부 • 축구사랑 _ 91
　　　• 군자란의 새봄 _ 92
　　　• 현장에서 _ 93
　　　• 개개비 _ 94
　　　• 개개비 2 _ 95
　　　• 석빙고 앞에서 빙수 맛 _ 96
　　　• 텃밭 딸기 _ 97
　　　• 낙동강에 가보자 _ 98
　　　• 여름휴가 안내 _ 100
　　　• 꽃창포 _ 101
　　　• 망종 _ 102
　　　• 절제 _ 103
　　　• 주말에 _ 104
　　　• 현장인 _ 105
　　　• 할아버지와 어머니 _ 106
　　　• 봄놀이 노래 _ 108
　　　• 욕망의 시험대 _ 109
　　　• 미숫가루 한 그릇 _ 110

평론 | 객지를 재구함으로써 현실을 복원해 내다
　　　-박미정(문학평론가) _ 113

제 1 부

서시

바람 한 점에도
가슴이 썰렁하다
나뭇잎 물들이는 햇볕의 청량마저
쇄골을 더듬는 날이면
새의 날갯짓이 있는
하늘을 보아도
가슴을 차고 들어오는
고요의 벽 속에 갇히고 만다
객지에서 나는

제비야

고향집 처마 아래 제비가 왔다
나무 서까래 냄새와 황토 냄새가
불렀을까
어머니의 외로움이 불렀을까

문 여닫는 소리에
제비가 잠 깰까 봐
해가 지면 바깥출입을 당신부터 금하는
금기를 만든 우리 어머니

얼떨결에
마루문을 예사로 열면
마당을 가로지르는 빨랫줄에 줄줄이
다 안다는 듯 지절댐을 가두고 앉았다

눈도장 찍고 싶어
길을 나설 때까지
몇 번을 쳐다봐도 빤히 보고만 있어
오히려 나를 겸연쩍게 하는 눈초리를 향해
당부가 길다

올 때까지 잘 살아야 한다
내 어머니한테 말동무가 되어야 한다
딴 인기척이 나면 짹짹 짖어야 한다
제비야

관룡사를 찾아서

구룡의 승천이 있었다하여
그러한지
한적하게 오르는 길을
일행과 따르면서도
신비의 교교함이
나무사이 빗살과 함께 장엄하여
발자국소리를 단속한다.

다람쥐가 언덕을 타고 내리다가
잽싸게 숨어버리는 장난에
칡 향이 굴러 떨어져
되레 향긋해진 오솔길의 끝
사문 앞에서
경전을 읽는 목탁소리에
참례의 예를 갖춘다.

마음의 무게

밭고랑에서 혼자 우는 폰

어머니의 허리가 또 무너지고 있는 중인가 보다

제발, 좀

거들지 못하는 미안함과

죄송함이 쌓여 투정 섞인 말을 뱉다가

제발, 좀

그렇게 맺고 나오는 발걸음은 천근만근이다

선인장

모래사막을 견뎌온 건
살아야 한다는 오기였을 게다

뜨거운 태양의 충혈은
크고 작은 가시를
몸에 걸치는 의식을 하게 했다

시끌벅적한 지구온난화는
결기가 두루뭉술해진 바람과 함께
꽃과 다름없는
나의 가시를 빼고 있다

지구 반을 돌아와 이렇게 산다는 건
오기가 아니고 사는 것이기 때문이다

시

낙동강의 별빛은
어둠을 씻어
선명하다

허공을 동굴이듯
뚫는
여명 속에

은근하게 투영되는
당신
지문이 아름답다

탄생

오전 네 시 십오 분 전에 깼다
낮은 저음의 비 소리
높낮이가 없다

아찔한 어둠마저 깔린 창밖을 일부러
관심 밖으로 밀어내고
노트북을 열었다

작성해 둔 서류를 다시 읽어보다가
건성건성 써 둔 글 한 편을 잡았다

낡은 그물에 갇힌 비린내가 난다

생선의 비늘이 가라앉은
뼈
얼개처럼 걸쳐 둔 사이사이에
살을 채우다가 비우기를 반복한 끝에

푸드득
물고기 한 마리 비늘을 치기 시작했다

물닭의 안부 2

물닭
까만 점, 점, 점
점점이 넓혀지는 낙동강엔
하얀 부리가 햇살을 쪼고 있다
가까이 보면 손바닥 보다 작은
저만치에서 보면 까만 쉼표보다 작은 새

장거리 여행길의 피로를 잊은
날렵함의 여유가 있다
기꺼이 햇살을 받히는 한가함까지

가슴츠레 눈 뜨지 않아도
보이는
물닭,

따뜻하고 평화로운
겨울 낙동강의 표정이 되고 있다

물닭의 안부 3

낙동강을 향해 긴 목을 쭉 빼고
찾아도
없다

가까이 다가가 시선을 집중시키면
강 끝에
있다

물 위를 유영하며
인기척도 몰라라하는 귀여움에
물닭의 소리 닮은 소리를 쪼아 보냈다

수면의 파문을 확장하며
비상하는
검은 새 한 마리의 공중돌기 한바탕

아, 아름다운 그 날갯짓에
갈대의 환호성이 은빛 찬란하다

줄줄이

고니 떼 줄줄이 물결을 타고 간다
긴급하게 이동하는 걸 보니
아마도 먹잇감이 널린 정보를
입수했나 보다
가자, 가자 함께 가자

간간이 빠져나오는 구령소리를
귀 밖에 듣고
우아함을 무색하게 하는 개구쟁이 한 마리
꽁무니를 주-욱 빼더니
모가지를 물속으로 숨겼다

물 깨진 물살
하얗게 포문을 일으킨다 싶더니
포문 사이로 나오는 모가지
유난히 길기도 한데
부리를 털어내며 멈칫거리는 꼬락서니
여간 귀엽지 않다

혹시 길을 잃을까
멀찌감치 보는 애간장 그만 녹이고
서둘러라
서둘러라

나무를 읽다

책장 위에 있는 책을 꺼내려
나무탁자 위에 섰다
발바닥에서 전해져 오는 평안과 고요
마음의 불을 켜 그 불빛으로
숲을 꺼내 나무를 읽다

가을이 흐르다

바람이 잠잠하여
풀잎 하나도
꿈쩍 않는
창밖은
떠나는 예행연습을 하는
긴장감까지 엄습하여
모두 생존의식에 빠져있는 듯한
시월의 마지막 목요일이다

삶은
죽음은
단풍과 낙엽의 차이라면
나무는 크든 작든
아, 물들지 않는 풀잎이든지
오늘은 대단한 우주가 아닐까

나무 끝을 스치려는
바람을 베어내는
가을은
고요한 투쟁이며
한낮의 적막을 이겨내려
살갗이 돋는 긴장으로 살기도
하여, 너를 사랑할 수밖에

없는
하늘은
회색빛 수심을 벗고 투명하다

시에 대한 시간

근육을 푸는 일이란
나에게 쉽지 않다
생각의 근육 또한 그렇다

시를 찾아 몰입하지 않게 되는 것은
근육만큼
쉽게 허락하지 않는
시간의 간섭이다

일상 속에 고립될 때
쟁기질하고 싶은 시간
그러나 또르르 구르는 구슬이 되어
남은 것이 없다

가끔은

나의 객지에는
저마다 엉키어 출렁거리는
시간의 고리들이 있다

밤하늘에 널찍이 띄워진 별처럼
하나하나 떼어 놓으면
개울을 가로지르는
징검다리가 되어

물이 에둘러가기도 하고
바람이 성큼성큼 지나기도 하고
그러다가 한참
그러다가
가련한 밤이 가라앉으면

나는
물이듯 흘러가는 것을 멈추지 않고
걷는 시간 위에서 긴장을 멈추지 않는다

연초록녹음을 예찬하다

연달아 피는 빛깔에
열광하며
언덕 위를 올랐다

햇살의 꽃비가 아름답던 시절
길을 잃지 않으려다

세월이
머리카락을 붓질하는 것조차
의식하지 못했다

내가 공직에 빠졌다는 것이
설령
찬란한 유혹이었다 할지라도

후회하지 않으려고 한다

지금까지
나의 최선을
내가 선택한 일에 바쳤으므로

선언문

데스크톱 컴퓨터를 설치하고
서류 작성의 지문을 움직였다
이제 한 몸이 되어야 할 시간이
코앞에 닿았는데
잠시라도 낯설게 본 것은
나의 오류다
나의 착오다
컴퓨터 속에 누워있는 것들을
깨워 일으키는
작업의 난이도가 고행이 아니라
미래를 순항하기 위한
포문을 여는 것이라고
부득이
나를 향한 것이 아님을
나에게 선포한다

맨드라미

고향집 마당 한 가운데
터를 잡고
서로 키를 재는 맨드라미

한낮엔
여름해보다 붉다

구부러진 허리를 펴며
물 주시는 울 엄마와
설마
키 재기 하는 건 아니겠지

네 주름이 아무리 예뻐도
울 엄마 주름을 부러워하는 걸
나는 안다

제 2 부

구원자

시작되는
일상생활 하루하루가 낯설다
가끔 겹치는 우울을 감당하려고
그동안 정렬된 것과 어울리는
격자무늬의 프로그램을 짰다
하지만
곧 뜯어내고 순식간에 부수고
새로운 의미를 찾다보면
마치 객지를 떠도는
객客을
스스로 구원하는 구원자가 되어
돌아온다

객지 1

객지는 객지다
나를 우대하는 밥상을 차리고도
마음이 쓸쓸하여 초라하고

그를 마중 가는 길마저
여러 번이지만
늘 헷갈려서
이정표 앞에서 언뜻언뜻 주춤거리는

몇 해 전
일 년의 연수생활을
이곳에서 했으나 그때는
붓으로 공직의 의욕을 높여
사회의 안녕을 높이 바랐던 길이다

객지 2

객지에서
혀의 미각까지 까칠한 날이면
고단한 생각과 긴장 풀기 위하여
고향에서 공수한 반찬으로
나의 기운을 북돋운
저녁이 안일하다

객지 3

공직을 명예퇴직하고
객지에서 석 달째

화들짝 낯설음을 지웠다가
또 낯설고
그래서
수시로 그리워지는 부산

오늘 밤엔
눈이 내리려는지
퇴근길에 옷깃을 추스르게 된다

꽁꽁 언 바람에
코가 맵다

풍성한 설경을 준비한
화이트크리스마스가 오나보다

객지 4

귀가 밝아지는 나이에
스스로 발동을 걸고
나섰으니
익숙해지려면
객지를 읽을 것이 아니라
잘 들어야 할 것이다
사실 공직 이전에
상아탑의 그림자를 낀 자취생활부터
객지였으므로
객지가
나의 삶 2/3에 달하는 것을 수긍하면
그다지 구차할 것도 없다

객지 5

아침에 보내 준 수필을 읽었다
아주 잔잔한 멋이 배어 있다
그 속에 한 가지를 꺼내 생각을 이어 본다

현재 우리가 지나치고 있는
이 삶의 속도가
여유로움 없이 빠르게
지나치는 바람에
우리가 망각하는 것이 많다

그렇다
가족애家族愛 못지않게 소중한
정情으로 똘똘 뭉쳐 자라온 동생들의 안부도
잘 챙겨야 할 텐데…
조금 더 나아가
이웃도 한번 돌아볼 여유가 있었으면

문득 오남매의 카톡에 눈 풍경을 보낸
뒷이야기를 떠올리며
퇴근길의 발걸음을 옮겼다

미끄럽다
엉거주춤 걷는 사람들을 보며

내 모습인가 싶어 활기차게 땅을 딛지만
지층의 냉기는 매몰차고 차갑다

빌딩의 모서리를 지나는 저녁은
벌써 해거름을 숨겼다
별이 뜨겠지

객지 6

어둠이 깊을수록
외로움의 항해는 길다

칠흑을 뚫고 지나는 반딧불의 반짝거림
이 밤,
고립의 마을에 사는
나의 밤을 위안하고 순식간에 사라졌다

어릴 적의 연한 기억이거나
청춘을 가파르게 오르게 하던
푸른빛의 낭만이거나

추억의 총 망라 속에
별만큼 나를 간여한 것이 없다

그렇게 총명하게 길을 나서던
별이 유난히 보고 싶은 밤

베란다에 서서
오로라를 찾듯 손바닥으로
유리창을 닦는다

객지 7

1.
세월의 군살이 붙었다

물설고
억양도 설고
정서도 설고 하여
가끔은 무슨 청승인가 하여
나를 부대껴 대기도 하였는데

이곳 생활이
낯설지 않게 될 때
나는 이곳을 떠나와야겠지

세월의 유속을 피하지 못한
엷은 주름을 안고서

2.
맹꽁이 소리 희미하게 들린 지
제법 되었다는 것을 상기하는 밤

여름은
떠날 것을 이미 예고했는데
나는

작은 바람 끝에 귀를 훑고서야 눈치 챘다

자연 앞엔
늘 뒷북이다

금요일 열여덟 시 삼분

금요일 열여덟 시 삼분은
나에게 출발점이다
부산으로 향하여 시동을 거는

휴식의 시작점이다

내가 즐겨 쓰는 중절모가
따라나서도 좋은 날이다

어제는 굵은 비가 오락가락하더니
오늘은 저 어디에서 눈이 쏟아지는지
허공은
회색으로 치장했으나 일시적일 뿐 상관없다

가는 길이
순탄대로이고
눈송이 흩날리는 낭만과 함께
온화하고 따뜻한 곳으로 가는 길이라

출발점은
나의 안락安樂을 위한 제3의 시간에 이르러
시작의 길 위를 흔들리지 않고 이어 간다

익산에서 만난 겨울

가을에 첫발을 디딘
한반도 서쪽에서의 나의 일상은
적응하기에 연연하여
하늘을 올려다볼 겨를이 좀처럼 없었다.

낙엽이 하얀 깃털 아래 묻히는 날이 잦고
나뭇가지에 서설이 맺힌 날
연이어 있어도
시린 목덜미마저 잊었다.

직장생활이란
마실 나오듯이 할 수 없다.

지난 공직생활 삼십사 년
선명하게 배인 나의 무늬
아무리 낯설다고 구겨 넣기는 아니다.

그러나 이젠 밤새움을 제공한 시간도
지난 것이듯 사라져 가고 있다.

차가우나 반듯한 길을 내보이는
객지에서의 겨울,

새해를 서너 날 앞두고
한반도 동쪽에서 그랬던 것처럼
따뜻한 입김으로 유리창을 닦을 수 있다.

봄 같은 봄날

참 오랜만에
봄 같은 바람이다
코끝에 스치는 꽃내
어제까지 산마루에 머물던
눈바람이 사라지면서
두고 간
꽃샘 꽃향기다
넌지시 길가에 선
나무허리에 손을 얹어본다
해동된 뿌리가
물을 뿜어 올리는 진동이 우렁차다
푸른 물길을 열고 하늘 향해
어깨 편 가지들이 늠름하다
저만치 사무실 쪽으로
나보다 먼저 쫓아가 문을 열고 기다리는
햇살의 발이 내린
아침 여덟 시의 객지가
새삼 사랑스럽다

어느 월요일

새벽 다섯 시
압력솥 추 돌아가는 소리가 들린다
부산에서 익산으로 출근할
시간을 맞추는
아침밥이다
아직 새벽이 깨지 않은 시간
밖은 깜깜하여
샛별이 유난히 빛나는 창밖
부엌은 분주하고
가을의 아침 시간은 해가 늦다

이십오 분의 거리

객지에서
객지 가까이 산다는 고교 동창생
안부를 물어왔을 때

외로움이
화들짝 놀라 달아났다

물도 설고
바람도 설고
섦이 쌓여갈 무렵

천리안을 가진 것처럼
뜬금없이

나타난 그를 만나러 가는
이십오 분의 거리
참으로 멀다

일상을 깨다

고속도로 위의 새벽시간을
지워간다

부산을 출발할 때 내린 서리가
익산을 향할수록
하얀 눈꽃으로 바뀌어
흰 아침이다

고요한 도시를 들어서면서
분주함이
나만의 쳇바퀴인가 여겨져
잠시 당혹스럽지만
나설 때 의식했던
집에 남은 사람의 마음 기도에
혼란을 흔들어 지웠다

새벽에 일어난 토끼가
옹달샘의 물만 먹고 가는 것은
옛말이다
산과 들을 보고
풀잎 새김만 하는 것은 더욱 아니다

먼 길, 뚫고 온 출근에서
선택한 도전을 공고히 심었다

역설

객지란
불편한 생활의 대명사와 같다
그래서 견딤으로 살아야 한다는 것을
학창시절부터 익숙하게 몸에 배어 왔다
지금
객지에서의 삶을 말하는 것 자체가
여유일 수도 있다
그래, 그렇다면 그 여유를 즐기자
없음을 있음으로

제3부

어머니의 마당

고향의 밤
마당은
달빛 별빛으로 한참 밤이다
떨어진 감나무 잎사귀가 몰려다니면서
바람의 자취를 알려온다
모두 혼자 계시는
어머니를 지키려는
애씀이다

해가 지면 서둘러 어두워지는
산 아래 동네
작은 마당의 어둠 속으로
기침소리로 인기척을 내지만
커튼을 다 내리지 못하는
어머니
단풍 뒤에 쓸쓸함이 쌓여가는
마당처럼
참 적적하다

하소연

오남매가 어머니를 모시고
1박 여행을
고향 가까이에서 했다
펜션에서 지낼 이틀은
어머니한테 아무것도 준비 말라고 했으나
고향집에 미리 마련된 봇짐에는
부엌에서
장독에서
텃밭에서
언덕 밭에서
당신의 손끝에서 자란 것들과
먹거리가 차고 넘쳤다
그것도 아쉬워
정구지와 머위가 억세기 전에
거칠기 전에 뻣뻣한 것들을 같이 손질했다
비료포대 두 포대 가득
추녀 끝에 풀어 놓고
비와 설쳐가며 손톱에 풀물을 들였다
"집에 가져가기도 해야지"
"제발 그만 하이소"
"비 오는 날 찌지미가 궁합아이가"
"제발 그만 하이소"
"그래, 올해만…"

이구동성으로 말리는 말만 계속할 수밖에 없다
빗물을 탓하며 훔친 눈물목소리가 엉켜
엄마의 '올해만'이 자꾸 걸렸다
팔순 중간을 넘긴 허리의 통증이
빗소리보다 크다는 것을 안다
가까운 곳으로 1박 떠남조차도
마음 편하지 못한
당신의 마음을 다치지 않게
일을 말릴 수 있는 한마디 말끝에
'제발'이라고만 되뇌는 가슴이 아리다

슬픔

세월은
어머니한테 훈장을 줬다
따라 산 대가로 받았다며
주름을
더 주름지게 웃으시지만
오남매의 가슴에는
갈채로 남을 흔적이 아니기에
팩을 얹으며
세월의 무례함을 삭인다

마이산, 연인의 길에서

마이산의 허리쯤 올라가는
열차를 탔다
비닐이 바람막이 된
유난히 추운 날
버스 한 량 열차가
나뭇잎을 거의 빠뜨린 채 서 있는
숲길 속으로 터널이듯 빨려간다
노련한 젊은 기관사 이곳 토박이는
산길 굽이마다 하나씩 전개되는
'연인'에 주목하게 했다
생각하는 로댕을 떠올리게 하는
조각상을 지나면
사색하는 연인이 있고
또 한 번 굽이를 돌면
하트의 행복이 나타났다
짧은 서사에 긴 이야기가 있는
낭만의 길이다
마이산에 서너 번 왔지만
처음 타 보셨다는 어머니
낭만을 즐겼을까
잠시 만면에 밝은 꽃이 스쳤다
어머니의 가을낭만이다

단장

도마 위에서
푸성귀 태생의 맛
살려내는 재미로 쟁반을 꾸몄다

고향의 텃밭에서
공수해 온 것들
파릇이 우러나는 소리 싱싱하다

짝 왈
맛을 다루는 폼
폼이라고 말하기에는 너무 거룩하다고

기도의 시간이듯
숨소리조차 죽이고 나면
살아나는 맛을 보게 된다고

오남매 신문에 올릴까 말까
망설이다 쿡 누르는 옆구리
식탁꾸밈의 만족이다

고향의 뒤안

아침 일찍이 밭에 가셨는지
전화를 안 받으시네 우리 어머니
아마도 들깨 대를 태우려 가신 모양이다
어제 들깨를 턴다고 하셨는데
"스무 되나 될까"
하시더니
아무리 하시지 말라고 해도 안 되는
어머니의 고집은 아니고 애착이다
젊은 날은 밭이 없어서 애를 먹고
이젠 밭은 있으나 일손도 없고
놀릴 수 없으니 애를 먹고
자식들은 각자 객지에 살고 있으니
무선, 유선에 매달려
어머니를 챙기는 건 서글프다
주말에 들르면
손만 잠시 덜어줄 뿐
일을 덜지 못하니
액셀을 밟고 돌아오는 길은
씁쓸하기만 하다
우리 어머니만 두고 오는
고향이 자꾸 돌아보여서

할아버지의 그림자

어릴 적부터 할아버지와 겸상을 했다
돌아가시기 전까지 방을 같이 썼다

할아버지는 밥상을 물리면서 항상
"운철 어미야, 고맙데이"
혹은
"운철 어미야, 잘 묵었다"
혹은
"운철 어미야, 고생했다"는 말씀을 꼭 하셨는데
그 한마디는 진정으로 다정한 목소리였으며
엄마의 화답 또한 다소곳하셨다

밭에 따라가면
"우리 장손 힘들다. 할아버지가 다 지꾸마"
나는 은근히 할아버지 짐을 덜어드리려고
지게에다 짐을 누르다가
뒤로 훌라당 넘어지기도 한 적이 많았지만
내 마음을 들킨 할아버지 뵙기가 민망하여
그때마다 얼른 허리를 곧추세웠다

할아버지 그림자를 따라 산을 내릴 적
도란도란 주고받는 이야기가 재미있어서
등을 짓누르는 짐의 무게도

사라졌다. 아예 없었다.

할아버지는 덩치도 있으셨다
목소리도 근엄해서,
"운철아"
부르기만 하여도 저절로 예를 갖추게 되던
나의 우주였다

또래에 비해 유달리 덩치가 작았던 나는
장손의 예의가 뭔지 모르면서
그 뭔가에 익숙해지려고 애썼다

지금 생각하면
할아버지의 밥상머리교육을
밭일이 바쁜 어머니가 원願한 것이 아니었을까

대문

1.
고향집 대문은
활짝 열린 채 있다
안과 밖의 경계가 되는
대문의 기능이 마비된 지 오래다
동네 친구 누구나 들어올 수 있게 한
어머니의 선택이지만
아버지의 부리던 경운기가 들락거리던
넓은 입구가 너무 휑해서
반쯤 닫아 놓으면 어떨까

2.
아파트 현관문을 항상 닫고 살면서
초인종이 울림과 동시에
인터폰 모니터를 통해 확인 한다

나를 못 믿는 건지
타자를 못 믿는 건지

각박해진 세상을
일일이 일러 드릴 수 없지만
고향에 다녀오면
밤낮으로 열어 둔 대문이 늘 눈에 밟힌다

오남매의 기도

도시에
가을이 내렸다
먼 산으로 갈 수 없는
이들에게 위로를 주는 주말 가로수
대로를 따라가며 물들어 차분한 풍경이다
계절의 순환 질서를 어김없이 지키는
플라타너스와 은행나무의 물듦에
신호등조차 눈 깜박거리는
윙크로 조화를 이루어
바쁨을 지우고
생신 촛불
여든 셋
어머니,
나의 어머니를 향하여
만수무강을 기원하는 마음을 바칠 때
가을까지 절정이다, 어머니를 향해

등짝이 닮았다

할아버지는 덩치가 크셨다
젖배 곯은 나는 또래보다 유달리 덩치가 작았다
서당이 파하면
할아버지를 찾아 밭으로 줄곧 달렸다
할아버지의 지게 한 짐 덜어 지겠다고 하면
"안 된다, 안 돼"
극구 말리시고
할아버지 지게만큼 큰 것을 지겠다고 하면
더더욱 말리셨던 할아버지를
평소에 따랐으면서도
그때는 버텼다
나를 말리지 못하고 짐을 올리며
가슴이 우는 소리를 들었다
나도 울었다
내 가슴이 우는 소리를
할아버지도 들었을까 생각하면
지금도 아린
가슴에 피는 그리움의 꽃

그때는 가난을 몰랐다
할아버지의 등짝에 붙은 군살이
내 등짝에도 있는 것이 자랑스러웠으니까

길에도 빛깔이 있다

지게를 지고 가파른 길을 내려올 때
뒤돌아볼 수 없는 할아버지는
"운철아, 무겁제"
"아니예"
"우리 장손은 지게를 지면 안 될 끼라"
"예"
"운철아, 무겁제"
"아니예"
등줄기는 땀이 흘러내리는 계곡이 되었는데도
"아니예"는 걸림 없이 나왔다
할아버지가 지신 짐
태산같이 높아도 부러워할 이 없으나
나는 할아버지의 땀조차 부러웠으니
등짝을 누르는 짐 무게로 고개를 들 수 없어
그 태산을 볼 수 없었고
길만 보였다
하얗게

며느리의 재치

"아버님 긁어보세요"
"그래 뭘까"
'할아버지 당첨입니다'
쉬운 글귀가
내 마음에 어렵게 들어왔다
아들 내외가 빙긋이 웃으며
다시
"할아버지 당첨되셨습니다"
그때서야
빙그르르 웃게 되고
눈시울까지 나의 당황을
응원했다
"그래 축하한다. 고맙데이"

우리 찰떡이

갑진년甲辰年,
청룡의 해 8월에
우렁찬 신고식이 있을
내 첫 손자 찰떡아!
세상은 너를 기다리고 있다
행복하게 맞이할 준비를 해놓고

무사히 잘 오렴
건강하게

해솔이의 지구별 신고

찰떡이는 우주의 한 생명이 되었고
몇 달 뒤
해솔이라는 이름으로
이 지구별에 존재를 알렸다

밝은 해와 같이 세상을 밝히고
푸른 소나무와 같은 푸름을 간직한
존재로 살아달라는
제 아비의 염원일 게다

해솔이에게
따듯하고 찬란한 세상을
하루빨리 보여주고 싶은
할아비의 소망도 함께 하는 지구별

내 손자 해솔이의 신고식으로
더욱 아름다운 별이 될 것이다

해솔이의 며칠

1.
해솔이가
호적에다 이름을 올리는 날
더위도 한 풀 겪였다

우리 손자이름이 해솔이다
알리는 순간에 천지신명이
집중했던 터라 그랬을 것이다

며느리로부터 받은 복권을
긁는 그 순간부터
당첨된 할아버지의 호칭에 들뜸을
참았던 수개월

찰떡이는
태명으로 첫 추억을 간직하고
제 이름 〈여해솔〉 명찰을 달고
수유방법을 학습 중이다

해솔이가 태어난 두 주 째

소중한 인연

소중한 인연이 생겼다는
말에 한 동안 숨이 멎는 듯
고요가 흘렀다

눈가에 맺힌 뭔가가
볼을 타고 흘러 내렸다

그러고는
시간이 열 달을 채웠다

애타는 기다림이
2024년 광복절 날
깊은 밤의 적막을
우렁찬 청룡이 세상과의 만남을
신고했다

그 귀한 인연과의 첫 만남
좋은 세상 탓에
화면을 통한 실시간
간접적인 첫 조우

또렷한 귀한 모습
눈망울이 똘망똘망

간밤을 스치며 지났다

귀한
인연
아름답고 건강하게
이 세상과의 인연을 이어가기를

소박한 바람願
이루어지기를 바란다

막내에게

반평생을 살면서
발가락 골절을 처음 겪는 것
너의 행운이야

겉으로 맞추고 있는 관절은
안으로 셀 수 없는 기브스의 훈장이라는 것을
세월 속에 살아온 깨달음이지

통증을 웃음으로 다스리는
우리들은
살아가는 기술이 조금 생겼어

명지시장에서 전어회 한 접시 비우고
제자리를 맞추는 **뼈**를 위해
술잔을 좀 아낀 것도

제 4 부

부산진구 플러스 운동화

운동화는
숙련의 기술로 태어나
발바닥에 달라붙는 촉감부터
매듭까지 안전하다

지난 100년에 이어
앞으로 100년을 다짐하는
신발 산업 현장의 거리를 지날 때
다시 매듭을 확인한다

운동화는
뛰고 싶다
세월의 허들을 넘어
전 세계인의 발바닥을 지키고 싶다

부산진구는
운동화에 대한 염원이
골목 곳곳 거리 곳곳 깔려있어
구민들의 신나는 응원가가 세계 속으로 향한다

함박웃음이 그립다 1

초읍, 어린이대공원에 가면
사라진
어린이들의 환호성이 그립다

작고 큰 동물들의 재롱을 보며
손뼉을 아끼지 않던
어린이들의 함박웃음이 그립다

혹시, 그 당시 어른들의 무딘 손가락으로
주판알을 굴린 우愚를 범한
흔적으로 사라진 아이들

그럴 리 없겠지
정말 그래서는 안 되는 일이거든

나무의 그늘이 짙은
벤치 위에서
부리를 쪼는 새

뭔가 까칠하게 잡히는 게 있는지
갸우뚱갸우뚱 물었다 뱉었다
바람을 쫓고 있다

함박웃음이 그립다 2

어린이대공원에는
더위가 가팔라질수록
어른들의 휴식시간이 길다

아이소리가 있는 쪽으로
신기한 듯이 귀가 쏠리는 것은
이제 흔히 보는 자연스러운 일이다

탄생을 재촉하는 일이 마음에 있으나
금기이듯 입을 다물어야 하는
슬픈 시간의 침묵 언제 끝날까

어린이가 크게 웃는 웃음꽃나들이
일상이어야 되는 날까지
한 그루 나무를 꾸준히 심을 일이다

페북친구들에게 1

부산에서 익산으로 가는 길에
만난 마이산
지난주와 달리
설경을 나누고 있다

언제 보아도
영험함이 느껴져 멀리서도
마음의 구원을 충전할 때가 있다

오늘은
페친님들한테 현장 소식이듯
마이산의 겨울 한 자락 올렸으니
커다란 겨울눈꽃을 감상 하소서

페친님들
연말 잘 마무리하시고
내년 용띠 해 갑진년甲辰年 한 해도
늘 건승하소서!

페북친구들에게 2

페북친구들, 여름이 안녕하십니까

붉은 꽃들
서녘으로 금방 절벽으로 떨어지는
여름노을이 아쉬운지
붉을 대로 붉었습니다.

장미와 목백일홍이 피운
꽃
빛깔 그대로
아름답기만 하면 좋을 것을

그러나
너무 뜨거운 여름입니다

꽃잎사귀 같은
바다를 찾아 떠나는 여행이
호사가 아님이 당연한 여름입니다

만남의 장

2020년에 개최하여
4년 만에 같은 장소에서
부산광역시청 축구팀 선후배들과의
소중한 만남이 이루어졌다

홈커밍데이
후배님들이 붙여준 레전드란 이름은
과한 듯 민망하였으나
우정을 탄주하므로 서로의 이마가 빛났다

삼복의
무더위도 아랑곳없이
열기를 발산할 수 있다는 것은
삶을 영위하는 열정과 정열의 소산이다

축구화 끈을 잘 묶은
광장에는
패기 넘치고 활기 넘치는 환호성으로
화기애애하게 빛나는 정情이 푸르렀다

선후배 모두
무지개를 꺾어 들고 온 표정들을 보며
나의 집을 오래도록 기억하며 살고

사랑할 수밖에 없다

행사 기획하느라
애써 주신 회장단과 함께 한
든든한 후배님들한테
다시금 감사의 뜻을 전하고 싶다

어떤 사명감

살아오는 동안
주어지는 임무를 완수하려는
삶에 대한
나의 복종이 있었으나 후회하지 않는다
공직자로서
나의 임무며
최선을 다하여 이뤄내야 하는 목표였다
젊은 날
인내와 열정으로 에너지를 소진했어도
후회하지 않는다
때론
모험도 있었으나 공익을 위한 자청이었기에
그 또한 후회하지 않는다
다만,
떠나와 보니 자기 주변만 챙겨
나 좋고 너 좋고 하는 모습들이 보인다
아슬아슬하게 발이 엉키는 불상사를 감수하는

지난 불행한 역사를 쓰는 것 같아서 안타깝다
부디 공직이라는 엄청난 사명감을 깨닫게 하소서

무심

통도사 무풍한솔 길을 걸으면
소란함을 가지고 떠나온 마음
물이듯 바람이듯 흘러가고
없다
여기에서
'나'라고 부르거나
외어대는 것이 없으므로
그것이 없는 것이 당연하다
'나'라고 부르거나
외어대 봤자
바람도
소리조차 잊고 지나는 길 위에서
허무일 뿐
아무런 생각이나 감정이 없어져
순수한
'나'의 동행으로 삶의 생기를 찾는다

유심

태풍이 지나간 다음 날
무풍한솔길을 찾았다

길 위에 셀 수 없이 떨어진
소나무 잎사귀
아픈 듯 허리를 숙인 소나무가
마르지 않은 땅을 내려다보고 있다

원래 그 자리
원래 그 나무인데
큰 바람이 지나가고 난 뒤의 표정이 굳었다

바람이 분다

큰 바람 끝을 따라가지 못한
막바지 바람의 안간힘
제법 세다

잎사귀를 따라 떨어지는
나무의 그림자가 깨어지면서도
회복을 비는 것 같은 안타까움에
숙연한 마음을 들고 왔다

인터체인지

고속도로에 오르면
이정표를 양쪽에 둔 갈림길 사선이 있다

가는 길의 혼돈에 깜박이를 켠 자동차
그 사선 위에서 갈듯 말듯 망설임에
순간적으로 브레이크를 밟은 경험이 있다

오늘은 내가 그 길 5미터 앞둔
갓길에다
잠시 정차 깜박이를 켰다

깜짝 이벤트가 아니라
함께 가고픈 내 쓸쓸한 마음의
끝나지 않은 배웅이다

인터체인지는 단순하나
그리움과 아쉬움의 블랙홀이 있다

직

공직을 떠나
새로운 도전의 터

다시 만난 천직일지 아닐지
방점은 차후에다 맡기고
일단 일과 함께 깊어가야 할
시점이다

일머리를 알려면
복잡한 컴퓨터 회로를 찾아 읽는 일

읽는 시간을 만들어 읽어내는 일부터
몸에 붙여야 하는 현실
긴 시간을 불허하는
장인정신이 필요하다

함박눈

제야의 전날 곳곳에 피어
영상 속으로 날아온
함초롬한 꽃
상서롭다

어릴 적엔 함박눈도 잦았지
눈싸움하다 젖은 손
데우기도 전에
골목이 터져나가도록 뛰어나가게 하던

이젠
가위질도 두려워 않아
빗질하여 다듬게 하는
사시사철 하얀, 나의 꽃이다

환절기

겉옷 카디건
체온 조절에 제 기능을 발휘하는
계절의 틈이다

시시각각으로 달라지는
바람의 느낌
가는 계절
오는 계절의 서슬 탓이다

차악
가라앉혀 주는
플러스 면 그리고 다양한
섬유의 촉각
비염을 사라지게 하는
알러샷 알약 하나처럼 단방약이다

계절의 틈에
제 기능을 발휘하여
체온 조절을 해주는 카디건
환절기를 싹 잊게 하는 명품이다

성장

제라늄을
둘째 동생네 집에서 선물 받았다

섣달에 핀 꽃이라고 믿기지 않을
연분홍 꽃 한 송이까지

베란다를 차고 들어오는
햇살에 어여쁘다

화분 속에서
생명의 소리를 기다리다
굳어버린 흙

숙성의 시간이 끝난
생기를 확인하고
정성으로 다독여주는 손길에 보답하듯

미세한 호흡을 다시 시작하고
뿌리를 내릴 햇살을 품는다

황금연휴

황금연휴의 고속도로
자동차의 고리가 잇고 있다
내비게이션의 간섭을 피해
선택한 진양호 둘레길
억수비가 예고된
세 시가 근접한 탓인지
댐의 고혈압을 조절하는
수문이 개방됐다
빠른 유속이
댐을 내려오는 호수의 혈관을
진정시키는 사이
막힌 고속도로를 피해 온
헤드라이트 불빛이 줄지어
진양호를 빠져나가고 있다
긴장의 함수관계가 복잡한
위험천만의 빗길 통과에 가슴을 누그려
돌아본 황금연휴는
고향으로 가는 길과 오는 길의
길 뚫기였다

제 5 부

축구사랑

나의 축구사랑은 어릴 적부터지만 공직생활을 시작하면서 횟수를 세어도 벌써 삼십 후반을 훌쩍 넘었다. 축구를 즐기고 관심도 많다보니 중요한 경기를 놓치지 않고 다 보는 편이다. 오늘(2024년 2월 3일) 아시안컵 축구 8강전이 자정 삼십 분에 시작한다. 이른 저녁 후, 한 시간쯤 눈을 붙이고 시간을 기다렸다. 봄의 밤 시간은 길다. 경기 시작 전 잠시 베란다에 나가보니 건너편 아파트 불빛들이 환하다. 선수들과 같이 긴장할 사람들이 많은 것도 즐거운 일이다. 나는 손흥민 선수의 찐팬이며, 그 외 선수들의 팬이기도 하다. 경기 때마다 볼거리를 창출하는 선수들의 동작은 나에게 보내는 선물이라고 해도 과언이 아니다. 그렇게 즐기는 거니까. 그래서 놓칠 수 없다. 1:1 황희찬 선수의 극적인 동점 페널티킥을 만들어 낸 주장 손흥민 선수는 연장전에서 프리킥으로 골 그물을 휘청거리게 했다. 〈4강 확정〉 64년 만의 우승을 위한 전주곡이 아시아 전역에 울려 퍼지는 새벽 세 시였다. 앞으로의 경기도 우리가 바라는 득점을 원한다. 하지만 섣불리 예측하는 것도 안 될 일이다. 운運이라는 게 작동하면 더 잘할 수도 있고, 그렇게 되지 않을 수도 있으니 경기란 그날을 잘 주시해야 한다.

군자란의 새봄

군자란을 분양해 왔다
화분 한 개가 심심해한다는 것을
눈치챈 큰여동생의 배려다

겨울 실내를 따듯하게 하던
꽃대 끝 꽃무리가 아름다워
베란다를 탐나게 하던 꽃

정남쪽에서 익숙하게 받던 햇살
동남쪽으로 받게 되는
새 둥지의 적응 연습을 얼마나 겪을까

진녹색의 푸른 잎사귀가 보였듯
예사롭지 않은 뿌리의 튼실함
봄물을 잘 끌어올리리라

안녕을 고하고 온
새로운 안녕
군자란의 새봄 우리 베란다에 왔다

현장에서

예년보다 변덕스러운
비 내림이 심하여
현장 일이 더뎠다

출퇴근 시간을 틈타
현장을 둘러볼 때마다 대부분
봄비의 왕래를 피한 우산을 받쳤다

적당히
보다
잦은

비 소식에도
옮겨 심은 소나무의 불로장수를
예감하는 뿌리가 깊다

개개비

개개비가 왔네
낙동강 갈대숲에
여름이 왔네

나그네 새
날갯짓
강물의 녹음을 짙게 수놓네

개개비 2

여름이 한창 익어 가면
개개비의 계절도 절정이다

개-개-개-
그보다 작게 비-비-비
그보다 크게 개-개-개
개-개-개-

언제나 눈밖에 있어
귀담아 가는 우는 소리

여름 안에 있겠지
여름 붙박이

석빙고 앞에서 빙수 맛

석빙고를 건너보면서
먹는 빙수 맛
여름 복병 찐 더위를 물리쳤다

우포늪에서 따라온 진득한
습기까지 감쪽같이 날려버려
후덥지근하던 옷까지 팔랑해졌다

그래도
아쉬워
얼른 길을 나서지 못하고

일월같이 누운
석빙고 안의 얼음이 궁금하여
유리그릇 밑바닥을 자꾸 긁었다

텃밭 딸기

고향집 텃밭의 딸기
자연 그대로의 단맛이다
과하지도 덜하지도 않은
달달한 맛에
더 가는 손을 멈췄다
어머니의 잼이다

낙동강에 가보자

철새를 유혹하는
먹이가 잔뜩 있어
주둥이를 바쁘게 움직이게 하는
수초의 숲
낙동강에 가면 있다

작은 몸짓의 개개비
개개비비
즐겁게 우짖는 소리
낙동강에 가면 있다
수초의 숲이 징검다리처럼 놓인

어느 만큼이 저공비행인지
어느 만큼이 고공비행인지
가늠할 수 없지만
맑으면 맑은 대로 흐리면 흐린 대로
높낮이가 상쾌한 장조의 노래가 있다

손님 새들의 편안한 놀이터
편안한 잠자리가 있는
낙동강에는
새떼의 물놀이
새떼의 공중놀이도 있어

한눈팔 사이 없는
볼거리 들을 거리가 있어
강둑에 앉아
관객으로 즐기는 가족나들이
수시로 해도 좋은 낙동강에 가보자

여름휴가 안내

강물 위에 우아한
깃을 올리고
물갈퀴를 가르는
철새 좀 보오

우리가 사는 유일한 행성
지구가 더워지는 소란 속에서
길 잃지 않고 찾아온
저 삶의 애착을

과하지도 않고
덜하지도 않은
다정함의 정적이 귀여운
가족나들이

여럿보다
더 많은 떼 날아올라도
환호성으로 출렁거리는 낙동강
제자리에 있듯이

언덕에 돗자리를 깔고 앉아 보아도
갈대 위를 날아다니는
개개비의 재롱은 환희에 살고 있어
오소서 여름휴가 낙동강으로

꽃창포

오월의 머릿결 고운 보랏빛

창공 아래 어여삐 반짝이구나

희망가를 불러도 불러도 좋은

고운 보랏빛 오월의 머릿결

망종

24절기 중 아홉 번째 절기에
더 바빠진
어머니의 손과 발
들물에 물이 들겠네

더 길어진 해를 따라
이 밭고랑
저 밭고랑

해야
해야
여름 해야
오늘 뿌린 씨앗에서
네 허리가 펴이듯

어머니 허리
한 번
두 번
세 번
애태우며 세지 말고

아예
훌쩍 펴이게 시름을 주지 마라

절제

객지에 연수 온 후배들을 찾아
저녁을 같이 했다

연수도
공직생활의 연장이라
아무도 취기가 돌도록
마시지 않는 절제가 있다

나 또한
그 공직이 몸에 배어
그들과 마찬가지로
아홉 시가 되기 전에 자리를 트는 편이다

출근을 염두에 둔 절제

일반인의 시선에는 멋지게 보인다는
조크가 설령 폄하라 할지라도
몸에 배인 것을 바꿀 도리가 없다

후배님들!
건강 잘 챙기면서 연수 잘 받으시게

주말에

아이들 웃음소리가 맑은 아침이다
이대二代가 함께하는 단란함
삼대三代가 어울리는 오붓함
가족의 산책 여기저기
기쁜 주말이다

현장인

감리일이란
공직자의 일과 다름없다
긴장하지 않으면 안 되는 현장
하루가 철저하다
다진 땅의 기초 위에 드러나는 윤곽
선명할 때 비로소 쾌감을 선물 받는다

할아버지와 어머니

"운철아, 저기 어른 오신다. 인사해라"

할머니가 돌아가시고 외로워하시는
할아버지를 위해
장손에다 장남인 나를
어머니는 할아버지의 방으로 파견했다
파격적인 특별대우였으나 네 살밖에 되지 않았다

할아버지의 손을 잡고
동네 한 바퀴 돌다보면
만나는 사람도 많았다

"운철아, 저기 어른 오신다. 인사해라"

그럴 때 손을 놓고 폴더 인사를 깍듯이 했다

할아버지는 진지 드시고 나면
상을 물리실 때
항상
"운철 어미야, 고맙다"
굵고 부드러운 목소리로 한 번도 그른 적 없으셨고

어머니는 할아버지 세끼 밥상을

한 번도 그른 적 없으셨다

반찬투정 한 번도 없던 것을 자랑삼는
며느리의 시아버지에 대한 존경과
성질 급한 아들의 성질을 잘 참아내는 것을
다독이셨던 시아버지의 며느리 사랑이

오남매의 가난한 시절고개를
무사히 넘게 했다

봄놀이 노래

눈코 뜰 새 없이 벚꽃이 흩날리는
탓인지
익산에서 부산까지 가는 날
봄놀이 자동차가 고속도로를 메웠다

삶은 주행만 할 수 없어
쉬어가는 휴게소에 들러
연둣빛초록의 청음을 듣는다
하얗다

그대로
맑은 봄노래가 사방천지에서
통·통·통
시선이 가는 곳마다 튀고 있다

욕망의 시험대

젊은 시절부터 꿈꾸어 오던 것을
실전하는 날이다
통과라는 관문은
언제 어디서든 어렵고 불편하다
누가 시켜서 하는 것도 아니고
이미 만들어진 길이지만
가보고 싶었던 길이기에
4회에 걸친 8시간을 소화하기 위해
몇 가지 질문을 선택하여
백지를 메워야 했다
꾸역꾸역 역류하는 소화기관을 진정시키고
마지막 종 울릴 때까지
손가락 중지에 못 박이는
관절의 통증도 같이했다

미숫가루 한 그릇

올여름은 유난히 덥다
그야말로 하루하루가 불볕더위다

혀 맛에 딱딱 붙게 만든
얼음을 띄운 미숫가루를 뜨면서
땀을 뻘뻘 흘리고 보내던
유년의 여름 생각난다

훌훌 바쁘게 둘러 마시고
배고픔을 울음으로 대신하던
누렁이를 몰고 백암산 소먹이를 떠난다

때를 대신하던
그 한 그릇
깜짝 배부르기 하기에는 제일이었지

옆집 친구도 다르지 않아
쓱쓱 입을 문대고 나오는 모습에
서로 의미심장한 웃음을 지으면
더위도 어정거리지 않고 후딱 넘어갔지

8월의 끄트머리에서
오랜만에 먹는
미숫가루 한 그릇에
매미소리가 자지러지는 불볕도 시원하다

| 평론 |

객지를 재구함으로써 현실을 복원해 내다

박미정(문학평론가)

| 평론 |

객지를 재구함으로써 현실을 복원해 내다

박미정(문학평론가)

1. 들어가며

 영국의 시인이며 평론가인 매슈 아놀드(Matthew Arnold, 1822~1888)는 "문학은 인간이다"라고 하였다. 시를 통해서 시인의 시정신과 시세계를 읽을 수 있다는 것이다.
 여운철 시인, 두 번째 시집 『금요일 열여덟 시 삼분』을 발간했다. 아호는 백암白巖이다. 함양에서 태어나 함양고등학교를 졸업하고 진주산업대학 산림자원학과 졸업 후 88년도부터 37여 년간 부산에서 공직생활을 했다. 부산대학교 도시계획학과 석사 졸업하였으며, 부산대학교 조경학과 박사과정 중 명예퇴직 후 수료하였다. 첫 시집 『물닭의 안부』는 시인의 내부에서 십여 년을 거친 생명의 출산이며, 사상구청장 권한대행 1여 년에 코로나19의 현장에서 구민을 지키고자 한 애환이 고스란히 담겨 있다. 여기에 첫 시집을 재론하는 것은 여운철 시인의 감정일 수도 생활일 수도 있는 시인의 시에 대한 개입을 자연스럽게 밝힘으로써 두 번째 시집의 시의 발산 역시 단순한 감정의 발산이 아님을 알 수 있겠다는 생각을 하게 된다. 이러한 근원은 공직자로서 자각을 이끌고 온 공익 우선이던 생활이 생활세계로 회귀하는 과정이 담겼다. 따라서 『금요일 열여덟 시 삼분』를 통해 또 다른 '나'를 찾으려는 자기 처방의 울림이 있다. 이 울림은 존재의 근원 탐구를 지향하는 것으로서 퇴직한 공직자의 사회 안착에 관련한 애환이 전해지기 때문이다. 그리고 자연의 순환을 통해서도 진지하게 자기를 성찰하려는 정서적 감응력을 보이고 있다.

2. 동화와 합일 - 자연의 기척을 동원하다

고향집 처마 아래 제비가 왔다
나무 서까래 냄새와 황토 냄새가
불렀을까
어머니의 외로움이 불렀을까

문 여닫는 소리에
제비가 잠 깰까 봐
해가 지면 바깥출입을 당신부터 금하는
금기를 만든 우리 어머니

얼떨결에
마루문을 예사로 열면
마당을 가로지르는 빨랫줄에 줄줄이
다 안다는 듯 지절댐을 가두고 앉았다

눈도장 찍고 싶어
길을 나설 때까지
몇 번을 쳐다봐도 빤히 보고만 있어
오히려 나를 겸연쩍게 하는 눈초리를 향해
당부가 길다

올 때까지 잘 살아야 한다
내 어머니한테 말동무가 되어야 한다
딴 인기척이 나면 짹짹 짖어야 한다
제비야

―「제비야」 전문

 이 시에서 감정의 유희와 언어의 과장을 발견할 수 없다. 제비를 스케치한 것이지만, 제비한테 인격을 부여한다. 그리고 지극한 손님으로 불가분한 관계를 맺고 있다고 파악되는 것은 "문 여닫는 소리에 제비가 깰까봐"로 이어지는 심리적 응결성이다. 그것은 진실성이라는 의미로 인식되기에 충분하다. 이러한 감정에 화답의 움직임이듯 "다 안다는 듯 지절댐을 가두고 앉았다"의 배치는 답보상태가 아니라 반응을 보이는 것으로 처리함으로써 서사성을 확보하고 있다. 이러한 관계의 설정이 "내 어머니한테 말동무가 되어야 한다/ 딴 인기척이 나면 짹짹 짖어야 한다"는 당부로 이어지는 이미지의 전개가 강렬한 서사성을 가지고 있으며, 동시에 시의 흐름을 서정적으로 이끌고 있다. 이러한 전개법과 서정은 슬픔을 내세워 어머니의 삶을 고스란히 환기시키는 효과를 낳고 있다. "세월은/ 어머니한테 훈장을 줬다/ 따라 산 대가로 받았다며/ 주름을/ 더 주름지게 웃으시지만/ 오남매의 가슴에는/ 갈채로 남을 흔적이 아니기에/ 팩을 얹으며/ 세월의 무례함을 삭인다"(「슬픔」 전문)에서 작품의 성취도 면에서 압축적이고 강한 여운을 남기는 수작으로 평가한다. 〈훈장=주름〉이라는 연결은 훈장은 유토피아가 아니고 주름이라는 현실에 타협하고 있는 것으로써 슬픔의 세계로 깊이 침잠하는 것을 확인할 수 있을 뿐이다. 그러므로 "주름을/ 더 주름지게 웃으시지만"에서 웃음을 채택함으로써 어머니의 삶과 서정을 한껏 고조시키는 데 성공하고 있다. 그러한 서정은 〈팩〉을 사용하는 낭만성으로 이어져 변화를 유도하여 〈반납〉이라는 희망을 드러냄으로써 일종의 유토피아적인 성격을 띠게 되며 "세월의 무례함을 삭인다"는 인식의 비전으로 승화되어 있음을 발견할 수 있다. 그러나 어쩔 수 없이 원초적인 슬픔이라고 할 수 있는 불길한 긴장과 걱정과 불안은 현실과 결합하여 시인의 심정으로 확대되고 있다. "밭고랑에서 혼자 우는 폰// 어머니의 허리가 또 무너지고 있는 중인가 보다// 제발, 좀// 거들지 못하는 미안함과// 죄송함이 쌓여 투정 섞인 말을 뱉다가// 제발, 좀// 그렇게 맺고 나오는 발걸음은 천근만근이다"(「마음의 무게」 전문)에서 "제발, 좀"에 비치는 애절한 가락은 팽팽한 긴장과 고조된 불안감을 조성하는 데 국한된 것이 아니라 어머니의 시간을 편안하게 돌려주고픈 중층적인 의미를 띠게 된다. 이러한 의미를 산산이 깨뜨려 놓는 "밭고랑에서 혼자 우는 폰" 울리는 소리는 애처로운 반응이며 절망의 압축성을 엿볼 수 있다. 게다가 "제발, 좀"이라고 의미 없는 재촉이 아니라 현실에 대한 비가(elegy)의 심정을 화자는 털어놓고 있다.

할아버지는 덩치도 있으셨다
목소리도 근엄해서,
"운철아"
부르기만 하여도 저절로 예를 갖추게 되던
나의 우주였다
…중략…
지금 생각하면
할아버지의 밥상머리교육을
밭일이 바쁜 어머니가 원願한 것이 아니었을까

— 「할아버지의 그림자」 일부

이 시의 중심 모티브는 할아버지에 대한 생각이다. 할아버지는 시인의 인격을 형성하는 데 무관하지 않으며, 가슴으로 대화하는 내적 울림을 서로 교감한다. 오감의 하나인 청각의 감각을 통해 합일의 경지를 경험하는 것은 진정한 내면과의 감응이다. 그리고 할아버지의 이야기를 엮어가다가 결구에 슬며시 내보이는 어머니를 새롭게 현현시키는 변용의 과정이 단순하지 않다. 이미지 병치 기법을 사용하여 전달력을 높이고 있다는 것을 읽을 수 있다.

3. 그리움의 시론 - 객지를 점검하다

여운철 시인의 시 「서시」에서 주목할 수 있는 것은 객지의 정서이다. "가슴에 차고 들어오는" 그 무엇인가를 진하게 표출하려는 의지를 "벽 속에 갇히고 만다"라고 하여 본질적으로는 모순의 진실을 역설적으로 써 내는 방식을 취하고 있다.

> 바람 한 점에도
> 가슴이 썰렁하다
> 나뭇잎 물들이는 햇볕의 청량마저
> 쇄골을 더듬는 날이면
> 새의 날갯짓이 있는
> 하늘을 보아도
> 가슴을 차고 들어오는
> 고요의 벽 속에 갇히고 만다
> 객지에서 나는
>
> ―「서시」 전문

이 시는 "객지에서 나는"이라고 결구에 적고 있다. 9행의 짧은 이 시의 전체 이미지는 첫 줄부터 읽어도 끝줄부터 읽어도 이미지가 바뀌지 않는다는 것이다. 끝줄부터 읽어나가자면 객지에서의 생활 초기는 고요의 벽이 있어, 외로움을 느낀다는 외로움의 서시라고도 읽힌다. 즉 새의 날갯짓만 보아도 쇄골을 더듬게 되고 가슴이 썰렁하다는 부정적인 입장을 취하면서 객지 생활에 익숙하지 못하는 입장을 취한다. 따라서 외로움의 뜻이 숨겨져 있는 진술이라 하지 않을 수 없다.

다음은 「객지」의 연작시를 통해 객지 생활에 대한 외로움의 표출을 담담히 그리고 있다. 또한 현실의 본질을 회복하고자 하는 연장선상이라는 점에서는 아이러니하게도 외로움이 객지의 자양분이 되고 있다.

> 시작되는
> 일상생활 하루하루가 낯설다
> 가끔 겹치는 우울을 감당하려고
> 그동안 정렬된 것과 어울리는
> 격자무늬의 프로그램을 짰다
> 하지만
> 곧 뜯어내고 순식간에 부수고
> 새로운 의미를 찾다보면
> 마치 객지를 떠도는
> 객客을
> 스스로 구원하는 구원자가 되어
> 돌아온다
>
> ―「구원자」 전문

「구원자」에서 낯선 하루하루를 치밀하고 정감 있는 공간으로 변환시키고자 하는 내밀한 서정성이 병존하고 있다. 〈구원자〉는 내 안의 자아를 가리키는 것이라고 볼 수 있으며 나와 분리되지 않는 나를 의미하는 것이다. 이러한 시인의 인식은 자아를 다르게 의식하려는 어떤 영향에도 굴복하지 않고 스스로에게서 구원을 받고자 한다. 이것이 편력이 아니라는 것을 보여주는 "그동안 정렬된 것과 어울리는/ 격자무늬의 프로그램을 짰다"의 현실은 곤혹스러움이 아니라 적응과 연결하는 공간이며, 현실로 회귀하고 싶은 시원의 공간인 것이다. "객지에서/ 혀의 미각까지 까칠한 날이면/ 고단한 생각과 긴장 풀기 위하여/ 고향에서 공수한 반찬으로/ 나의 기운을 북돋운/ 저녁이 안일하다"(「객지 2」 전문)에서 시인의 역량을 눈여겨볼 만하다. 미각을 노출시켜 고향의 효과를 획득하고 객지의 굴레에 함몰하는 것이 아니라 나름대로 적응하고자 하는 반응으로 처리해 나감으로써 객지의 생활을 더욱 효과적으로 담아내고 있다. "귀가 밝아지는 나이에/ 스스로 발동을 걸고/ 나섰으니/ 익숙해지려면/ 객지를 읽을 것이 아니라/ 잘 들어야 할 것이다/ 사실 공직 이전에/ 상아탑의 그림자를 낀 자취생활부터/ 객지였으므로/ 객지가/ 나의 삶 2/3에 달하는 것을 수긍하면/ 그다지 구차할 것도 없다"(「객지 4」 전문)에서 객지에서의 삶이 〈나의 삶 2/3〉라고 하여 오래전부터의 공간이었음을 인식하고 객지와 결합하려는 심경을 "잘 들어야 할 것이다"는 구절에서 여실히 나타낸다. "어둠이 깊을수록/ 외로움의 항해는 길다// 칠흑을 뚫고 지나는 반딧불의 반짝거림/ 이 밤,/ 고립의 마을에 사는/ 나의 밤을 위안하고 순식간에 사라졌다// 어릴 적의 연한 기억이거나/ 청춘을 가파르게 오르게 하던/ 푸른빛의 낭만이거나// 추억의 총 망라 속에/ 별만큼 나를 간여한 것이 없다// 그렇게 총명하게 길을 나서던/ 별이 유난히 보고 싶은 밤// 베란다에 서서/ 오로라를 찾듯 손바닥으로/ 유리창을 닦는다"(「객지 6」 전문)는 의욕은 〈총명함〉이 밝히는 이중적 시 구성방법을 보이고 있다. 이는 시인의 어릴 적 추억과 함께 몰려오는 향수의 공간에서 다름이 아닌 감상성이며, 현실에 기초한 일상을 이루고자 하는 회복을 의미한다. "세월의 군살이 붙었다// 물설고/ 억양도 설고/ 정서도 설고 하여/ 가끔은 무슨 청승인가 하여/ 나를 부대껴 대기도 하였는데// 이

곳 생활이/ 낯설지 않게 될 때/ 나는 이곳을 떠나와야겠지//
세월의 유속을 피하지 못한/ 엷은 주름을 안고서"(「객지 7」 일
부)를 나는 수긍하게 된다. 부대끼게 하던 그 모든 것들을 극
복하고 나면, 떠나와야 되는 것에 주목해 보면 〈객지〉는 실
행한 꿈을 두고 와야 되는 모호한 슬픔이기도 하다.

> 금요일 열여덟 시 삼분은
> 나에게 출발점이다
> 부산으로 향하여 시동을 거는
>
> 휴식의 시작점이다
>
> 내가 즐겨 쓰는 중절모가
> 따라나서도 좋은 날이다
>
> 어제는 굵은 비가 오락가락하더니
> 오늘은 저 어디에서 눈이 쏟아지는지
> 허공은
> 회색으로 치장했으나 일시적일 뿐 상관없다
>
> 가는 길이
> 순탄대로이고
> 눈송이 흩날리는 낭만과 함께
> 온화하고 따뜻한 곳으로 가는 길이라
>
> 출발점은

나의 안락安樂을 위한 제3의 시간에 이르러
시작의 길 위를 흔들리지 않고 이어 간다
— 「금요일 열여덟 시 삼분」 전문

시인은 생활에서 일주일의 긴장을 해소하는 부산을 향한다. 그 시간을 〈금요일 열여덟 시 삼분〉이라고 하여 〈출발점〉이라는 경계를 삼음으로써 앞의 시간과 차별을 두고 있다.

1연의 〈출발점〉에서 떠남을 알리고, 2연의 〈시작〉에서 휴식이라는 목적을 알리고 있다. 3연의 〈중절모〉를 등장시켜 출발과 시작이라는 짜릿한 감정을 환기시키고 있으며, 중절모는 단순한 응시를 통해 드러난 것이 아니고 시인의 애장품으로 중요한 의미를 던진다. 그 의미는 4연의 〈회색〉이다. 무채색임에도 불구하고 결코 무겁지 않게 들리는 것으로 손쉬운 화해를 하고 있으며, 5연의 〈순탄대로〉까지 이어져 부산은 온화하고 따뜻한 곳으로 연결되며, 6연의 〈출발점〉은 시작의 의미를 더 탄탄하게 엮었다고 하겠다. 현재로서 출발한 시간의 이동에 따라 전개되었음을 알 수 있다. 이와 같이 현실을 직시하여 내면 성찰을 하는가 하면 자연의 순환을 통해 그 속에 우주적 인식과 삶의 내면을 성찰해 낸다.

4. 자연의 순환의식 - 현실과 시학을 낳다

다음 시 「찬란한 의식」에서 시인의 성찰은 '절기'를 감각적으로 표현하여 체험을 구체화한다. 이러한 태도는 선명한 주제의식이 바탕이 되어 자연의 세부를 포착해 내는 여유를

얻고 있다는 의미이기도 하다.

    식지 않은 지열에
    지난날 살았던 개수를
    날마다 갱신하는 열대야 속에

    이열치열을 속절없이 경험한
    백일홍 나무가 꽃을 남발하는 아침

    함부로 덥다하지 못하는 것은
    벼가 익어가려면 그래야 한다고
    맞장구를 쳤기 때문입니다

    내일이
    입추입니다

    일간, 산 끝에서 시작하는
    바람의 붓질에
    모시옷이 까칠해질 것 같지 않습니까

    절기節氣는
    하루 바짝 현실을 환기시키지만
    그 이후 달라지는 기후를 접하게 되어

    죽겠거니 살겠거니 하는 지열의 아우성조차도
    자연스럽게 내려놓게 하는

찬란한 의식인 것 같습니다

그 결과로
자연이든 인간이든
본연의 모습을 찾는 아름다움이 있습니다
—「찬란한 의식」 전문

  이 시는 한 해를 스물넷으로 나눈 '절기'를 주제로 삼고 있다. 그중 하나인 입추는 여름과 가을의 중간에 위치하고 있어 예년과 다른 뜨거운 지열도 이후 정상적으로 회복할 것임을 기대하게 된다. 하지만 신비하고 평화로운 이상공간의 마련이 아니라 자연스럽게 내려놓게 하는 의식으로 치환시키고 있다. 시인은 객관적인 시선으로 감상을 배제한 기법을 사용하여 내면으로의 각성을 선택하고 있다. 그 결과는 결구에 이르러 아름다움으로 구사하여 절기의 특성을 더 실감나게 확대시키는 울림을 낳는다.

물닭
까만 점, 점, 점
점점이 넓혀지는 낙동강엔
하얀 부리가 햇살을 쪼고 있다
가까이 보면 손바닥 보다 작은
저만치에서 보면 까만 쉼표보다 작은 새

장거리 여행길의 피로를 잊은
날렵함의 여유가 있다

기꺼이 햇살을 받히는 한가함까지

가슴츠레 눈 뜨지 않아도
보이는
물닭,

따뜻하고 평화로운
겨울 낙동강의 표정이 되고 있다

— 「물닭의 안부 2」 전문

　물닭은 철새들 중에 드물게 몸집이 작은 새이다. 시인이 까만 점으로 층위를 나눈 것도 몸집에 연유한 것이라 주목된다. 이러한 지각을 바탕으로 "햇빛을 쪼고 있다"는 하얀 부리는 더 크게 보일 수밖에 없다. 이것을 힘으로서의 부리의 역할이라고 한다면, "기꺼이 햇살을 받히는 한가함까지"의 영역은 까만 점이다. 장 콕토가 "눈을 감으면 당신들은 잔디가 빨갛고 제라늄 꽃이 초록임을 보게 될 것"이라고 말했지만 "가슴츠레 눈 뜨지 않아도/ 보이는/ 물닭"에서 경계를 허물며 믿음을 강화한다. 더 나아가 낙동강의 겨울에는 "따뜻하고 평화로운" 표정이 있다고 하여 낙동강의 겨울 환경을 외부세계로 나아가게 추동한다. "낙동강을 향해 긴 목을 쭉 빼고/ 찾아도/ 없다// 가까이 다가가 시선을 집중시키면/ 강 끝에/ 있다// 물 위를 유영하며/ 인기척도 몰라라하는 귀여움에/ 물닭의 소리 닮은 소리를 쪼아 보냈다// 수면의 파문을 확장하며/ 비상하는/ 검은 새 한 마리의 공중

돌기 한바탕// 아, 아름다운 그 날갯짓에/ 갈대의 환호성이 은빛 찬란하다"(「물닭의 안부 3」 전문)에서 시인은 물닭과 교감을 가능하게 하기 위하여 소리를 매개로 하고 있다. 시적 화자는 물닭의 소리를 닮은 소리를 선택하여 가슴에 와닿는 자연 심상으로 새로운 미적 세계를 확보하려는 자세를 보이고 있다. 다음 시에서도 자연 심상이 시인의 정신으로 흐르는 것을 볼 수 있다. "연달아 피는 빛깔에/ 열광하며/ 언덕 위를 올랐다// 햇살의 꽃비가 아름답던 시절/ 길을 잃지 않으려다/ 세월이/ 머리카락을 붓질하는 것조차/ 의식하지 못했다// 내가 공직에 빠졌다는 것이/ 설령/ 찬란한 유혹이었다 할지라도// 후회하지 않으려고 한다// 지금까지/ 나의 최선을/ 내가 선택한 일에 바쳤으므로"(「연초록녹음을 예찬하다」 전문)에서 풋풋하고 푸름의 절정이 시인의 의지로써 오르는 길이었다는 것을 강렬하게 드러내 보이고 있다. 그러면서 안으로 축적된 갈등의 현실을 자연스럽게 잘 이끌고 있다. "낙동강의 별빛은/ 어둠을 씻어/ 선명하다// 허공을 동굴이듯/ 뚫는/ 여명 속에// 은근하게 투영되는/ 당신/ 지문이 아름답다"(「시」 전문)에서 자연 심상을 통해 시를 발견하고 시를 의인법으로 환치하여 시적 긴장을 더하면서 감정을 노출하지 않고 시가 지녀야 할 미덕을 갖추고 있다.

여운철 시인은 어휘를 현란하게 쓰지 않고 기교를 부리지 않는 담백함을 보이고 있다. 그것은 정직한 자기감정의 토로이며, 무엇보다 시인의 자전적 정황들이 집중되어 있음이 주목된다. 잔잔하게 연민을 전달하는 어머니에 대한 애련은 부인할 수 없는 사랑의 진술이다. 특히 「객지」의 연작을 유기

적이고 역동적으로 그려냄과 동시에 자아와의 만남에 필연적으로 겪는 외로움을 자기 각성의 계기로 삼는 극적인 구성방식이 무엇보다 값지다. 공직생활에서 비롯된 자기실현의 내밀한 목소리가 현실을 회복하고, 자연과의 교감을 자연스럽게 이루어 내는 마음의 시학으로 획득하는 서사의 울림은 큰 성과라고 하겠다. 앞으로 진지한 시적 자리를 빛나게 할 것이라 믿는다.

다음 시 「선언문」을 감상하며 맺는다.

>데스크톱 컴퓨터를 설치하고
>서류 작성의 지문을 움직였다
>이제 한 몸이 되어야 할 시간이
>코앞에 닿았는데
>잠시라도 낯설게 본 것은
>나의 오류다
>나의 착오다
>컴퓨터 속에 누워있는 것들을
>깨워 일으키는
>작업의 난이도가 고행이 아니라
>미래를 순항하기 위한
>포문을 여는 것이라고
>부득이
>나를 향한 것이 아님을
>나에게 선포한다

여운철 제2시집

금요일 열여덟 시 삼분

초판 1쇄 인쇄 | 2024년 10월 15일
초판 1쇄 발행 | 2024년 10월 22일

지은이 | 여운철
펴낸이 | 최장락
펴낸곳 | 도서출판 두손컴
주   소 | 부산광역시 부산진구 부전로 35, 301호(부전동, 삼성빌딩)
전   화 | (051)805-8002 팩스 : (051)805-8045
이메일 | doosoncomm@daum.net
출판등록 제329-1997-13호

ⓒ여운철
값 10,000원

ISBN 979-11-91263-86-2 03810

* 저자와 협의에 의해 인지를 생략합니다.
* 잘못 만들어진 책은 바꾸어 드립니다.

* 2024년 부산진구 문화예술 창작집 발간 보상금을 일부 지원받아 제작 되었습니다.